懺悔三業 發四弘誓願 廣行六度

大蒙山施食儀規

聞法受食 解脫苦輪 消除障礙 早證菩提

（宋）不動上師◎輯著

施食的目的在於，
其一為報恩，其二為警惕，其三為行菩薩道，
藉佛、法、僧的力量，
使六道眾生都可以來這裡聽經、聞法、懺悔，
增長善根，共成佛道。

大蒙山施食儀規說明

一、昔宋時有不動上師，居四川蒙山；曾為普濟幽靈，集瑜伽焰口及密宗諸部，輯成蒙山施食，成為禪門日誦。迨至近代，有興慈大師，力倡蒙山施食，并加入六番開示，稱為大蒙山施食

二、施放大蒙山施食時，中間置一法壇，上供佛像中置香花時菓，香爐燭台，并備白米及清水各

一杯，須請受具足戒之大僧主壇說法，大僧坐於佛像後，維那悅眾師等，分坐兩旁，大眾隨喜均得參加。

三、法壇對面，設一孤魂台，供十方法界六道羣靈之位，並在起香後，用黃布或繩子圍至法壇前，令諸鬼神於此禮拜，聞法受食，無諸障礙，方得大益。

四、靈位前水飯，菜須燒熟得味，不得供生菜，又施鬼食，應以戌亥二時為宜。

五、在休息止靜後及施食開始時，任何人均不得飲茶水或食物，切記切記。

大蒙山施食儀規

甲、淨壇

一、香讚

楊枝淨水◉徧灑三千性空八德利人天◉

亡靈早昇天滅罪除愆火燄化紅蓮◉

南無◉清涼地菩薩摩訶◉薩◉（三稱）

二、宣聖號

南無大悲觀世音菩薩◉　三稱

三、大悲咒三遍

南無喝囉怛那哆囉夜耶◉南無阿唎耶。
婆盧羯帝爍鉢囉耶。菩提薩埵婆耶。摩
訶薩埵婆耶。摩訶迦盧尼迦耶。唵。薩皤

囉罰曳。數怛那怛寫。南無悉吉慄埵伊
蒙阿唎耶。婆盧吉帝室佛囉楞馱婆。南
無那囉謹墀。醯唎摩訶皤哆沙咩。薩婆
阿他豆輸朋。阿逝孕。薩婆薩哆那摩婆
薩哆那摩婆伽。摩罰特豆。怛只他。唵◎阿
婆盧醯。盧迦帝。迦羅帝。夷醯唎。摩訶菩

提薩埵。薩婆薩婆。摩囉摩囉。摩醯摩醯
唎馱孕。俱盧俱盧羯蒙。度盧度盧罰闍
耶帝。摩訶罰闍耶帝。陀囉陀囉。地唎尼。
室佛囉耶。遮囉遮囉。麼麼罰摩囉。穆帝
隸。伊醯伊醯。室那室那。阿囉嘇佛囉舍
利。罰沙罰嘇。佛囉舍耶。呼嚧呼嚧摩囉。

觀自在菩薩。行深般若波羅蜜多時。照
見五蘊皆空。度一切苦厄。舍利子。色不
異空。空不異色。色即是空。空即是色。受
想行識。亦復如是。舍利子。是諸法空相。
不生不滅。不垢不淨。不增不減。是故空
中無色。無受想行識。無眼耳鼻舌身意。

無色聲香味觸法。無眼界。乃至無意識界。無無明。亦無無明盡。乃至無老死。亦無老死盡。無苦集滅道。無智亦無得。以無所得故。菩提薩埵。依般若波羅密多故。心無罣礙。無罣礙故。無有恐怖。遠離顛倒夢想。究竟涅槃。三世諸佛。依般若波羅密多故。得阿耨多羅三藐三菩提。故知般若波羅密多是大神咒。是大明咒。是無上咒。是無等等咒。能除一切苦。真實不虛。故説般若波羅密多咒。即説咒曰。揭諦揭諦。波羅揭諦。波羅僧揭諦。菩提薩婆訶。

五、唸往生咒三遍

南無阿彌多婆耶。哆他伽多夜。哆地夜他。阿彌利都婆毗。阿彌利哆。悉眈婆毗。阿彌唎哆。毗迦蘭帝。阿彌唎哆。毗迦蘭多。伽彌膩。伽伽那。枳多迦利娑婆訶。

六、唸變食真言三遍

曩謨薩嚩怛他誐哆◉嚩嚕枳帝。唵。三跛囉。三跛囉。吽◉

七、唸甘露水真言三遍

曩謨蘇嚕婆耶。怛他誐哆耶怛姪他。唵。蘇嚕蘇嚕。鉢囉蘇嚕。鉢囉蘇嚕。娑婆訶。◉

八、唸普供養真言三遍

唵。誐誐曩。三婆嚩。伐日囉斛。

九、唱彌陀讚

阿彌陀佛。無上醫王。巍巍金相放毫光。苦海作舟航。九品蓮邦。同願往西方。

十、回向偈

願生西方淨土中　九品蓮花為父母

花開見佛悟無生　不退菩薩為伴侶

南無阿彌陀佛（念佛至壇前收佛號）

丙、壇前起香

一、唱讚

蓮池海會。彌陀如來。觀音勢至坐蓮台。

接引上金階。大誓弘開。普願離塵埃。

南無◉蓮池會菩薩◉摩訶薩◉

三稱

二、主法和尚升座

1. 行十方禮後升座

2. 慢剎鼓

三、稱聖號

南無◉蓮池海會佛菩薩◉

三稱

四、誦阿彌陀經一卷

佛說阿彌陀經◉

姚秦三藏法師鳩摩羅什譯

如是我聞。一時佛在舍衛國。祇樹給孤獨園。與大比丘僧。千二百五十人俱。皆是大阿羅漢。衆所知識。長老舍利弗。摩訶目犍連。摩訶迦葉。摩訶迦旃延。摩訶俱絺羅。離婆多。周利槃陀伽。難陀。阿難

陀。羅睺羅。憍梵波提。賓頭盧頗羅墮。迦
留陀夷。摩訶劫賓那。薄拘羅。阿㝹樓馱。
如是等諸大弟子。並諸菩薩摩訶薩。文
殊師利法王子。阿逸多菩薩。乾陀訶提
菩薩。常精進菩薩。與如是等諸大菩薩。
及釋提桓因等。無量諸天大衆俱。爾時。

佛告長老舍利弗。從是西方。過十萬億
佛土。有世界名曰極樂。其土有佛。號阿
彌陀。今現在説法。舍利弗。彼土何故名
為極樂。其國衆生。無有衆苦。但受諸樂。
故名極樂。又舍利弗。極樂國土。七重欄
楯。七重羅網。七重行樹。皆是四寶周帀

圍繞。是故彼國。名為極樂。又舍利弗。極
樂國土。有七寶池。八功德水。充滿其中。
池底純以金沙布地。四邊階道。金銀琉
璃。玻瓈合成。上有樓閣。亦以金銀琉璃。
玻瓈。硨磲。赤珠。瑪瑙而嚴飾之。池中蓮
華。大如車輪。青色青光。黃色黃光。赤色

赤光。白色白光。微妙香潔。舍利弗。極樂
國土。成就如是功德莊嚴。又舍利弗。彼
佛國土。常作天樂。黃金為地。晝夜六時。
雨天曼陀羅華。其土眾生。常以清旦。各
以衣裓。盛眾妙華。供養他方十萬億佛。
即以食時。還到本國。飯食經行。舍利弗。

極樂國土。成就如是功德莊嚴。復次舍
利弗。彼國常有種種奇妙雜色之鳥。白
鶴。孔雀。鸚鵡。舍利。迦陵頻伽共命之鳥。
是諸眾鳥。晝夜六時。出和雅音。其音演
暢。五根。五力。七菩提分。八聖道分。如是
等法。其土眾生。聞是音已。皆悉念佛。念

法。念僧。舍利弗。汝勿謂此鳥。實是罪報
所生。所以者何。彼佛國土。無三惡道。舍
利弗。其佛國土。尚無惡道之名。何況有
實。是諸眾鳥。皆是阿彌陀佛欲令法音
宣流。變化所作。舍利弗。彼佛國土微風
吹動。諸寶行樹。及寶羅網。出微妙音。譬

如百千種樂。同時俱作。聞是音者。自然
皆生念佛。念法。念僧之心。舍利弗。彼佛
國土。成就如是功德莊嚴。舍利弗於汝
意云何。彼佛何故號阿彌陀。舍利弗。彼
佛光明無量。照十方國。無所障礙。是故
號為阿彌陀。又舍利弗。彼佛壽命。及其

人民。無量無邊阿僧祇劫。故名阿彌陀。
舍利弗。阿彌陀佛。成佛以來。於今十劫。
又舍利弗。彼佛有無量無邊聲聞弟子。
皆阿羅漢。非是筭數之所能知。諸菩薩
衆。亦復如是。舍利弗。彼佛國土。成就如
是功德莊嚴 又舍利弗。極樂國土。衆生

生者。皆是阿鞞跋致。其中多有一生補
處。其數甚多。非是算數所能知之。但可
以無量無邊阿僧祇說。舍利弗。衆生聞
者。應當發願。願生彼國。所以者何得與
如是諸上善人。俱會一處。舍利弗。不可
以少善根福德因緣。得生彼國。舍利弗。

若有善男子。善女人。聞說阿彌陀佛。執持名號。若一日。若二日。若三日。若四日。若五日。若六日。若七日。一心不亂。其人臨命終時。阿彌陀佛。與諸聖眾。現在其前。是人終時。心不顛倒。即得往生。阿彌陀佛極樂國土。舍利弗我見是利。故說

此言。若有衆生。聞是説者。應當發願。生
彼國土。舍利弗。如我今者。讚歎阿彌陀
佛。不可思議功德之利。東方亦有阿閦
鞞佛。須彌相佛。大須彌佛。須彌光佛。妙
音佛。如是等恆河沙數諸佛。各於其國。
出廣長舌相。徧覆三千大千世界。説誠

實言。汝等眾生。當信是稱讚不可思議
功德。一切諸佛所護念經。舍利弗。南方
世界有日月燈佛。名聞光佛。大燄肩佛。
須彌燈佛。無量精進佛。如是等恆河沙
數諸佛。各於其國。出廣長舌相。徧覆三
千大千世界。說誠實言。汝等眾生。當信

是稱讚不可思議功德。一切諸佛所護
念經舍利弗。西方世界。有無量壽佛。無
量相佛。無量幢佛。大光佛。大明佛寶相
佛淨光佛如是等恆河沙數諸佛。各於
其國。出廣長舌相。徧覆三千大千世界。
說誠實言。汝等眾生。當信是稱讚不可

思議功德。一切諸佛所護念經。舍利弗。
北方世界。有燄肩佛。最勝音佛。難沮佛。
日生佛。網明佛。如是等恆河沙數諸佛。
各於其國。出廣長舌相。徧覆三千大千
世界。説誠實言。汝等衆生。當信是稱讚
不可思議功德。一切諸佛所護念經。舍

利弗。下方世界。有師子佛。名聞佛。名光佛。達摩佛。法幢佛。持法佛。如是等恆河沙數諸佛。各於其國。出廣長舌相。徧覆三千大千世界。說誠實言。汝等衆生。當信是稱讚不可思議功德。一切諸佛所護念經。舍利弗。上方世界。有梵音佛。宿王佛。香上佛。香光佛。大燄肩佛。雜色寶華嚴身佛。娑羅樹王佛。寶華德佛。見一切義佛。如須彌山佛。如是等恆河沙數諸佛。各於其國。出廣長舌相。徧覆三千大千世界。説誠實言。汝等衆生。當信是稱讚不可思議功德。一切諸佛所護念經◉舍利弗。於汝意云何。何故名為一切諸佛所護念經。舍利弗。若有善男子。善女人。聞是經受持者。及聞諸佛名者。是諸善男子。善女人。皆為一切諸佛之所護念。皆得不退轉於阿耨多羅三藐三菩提。是故舍利弗。汝等皆當信受我語。

及諸佛所說。舍利弗。若有人。已發願。今
發願。當發願。欲生阿彌陀佛國者。是諸
人等。皆得不退轉於阿耨多羅三藐三
菩提。於彼國土。若已生。若今生。若當生。
是故舍利弗。諸善男子。善女人。若有信
者。應當發願。生彼國土。舍利弗。如我今

者。稱讚諸佛不可思議功德。彼諸佛等。
亦稱讚我不可思議功德。而作是言。釋
迦牟尼佛。能為甚難希有之事。能於娑
婆國土。五濁惡世。劫濁。見濁。煩惱濁。眾
生濁。命濁中。得阿耨多羅三藐三菩提。
為諸眾生。說是一切世間難信之法。舍

利弗。當知我於五濁惡世。行此難事。得
阿耨多羅三藐三菩提。為一切世間。說
此難信之法。是為甚難。佛說此經已。舍
利弗。及諸比丘。一切世間。天人阿修羅
等。聞佛所說。歡喜信受。作禮而去。

佛說阿彌陀經。

拔一切業障根本得生淨土陀羅尼。

南無阿彌多婆耶◉哆他伽多夜。哆地夜他。阿彌利都婆毗。阿彌利哆。悉耽婆毗。阿彌唎哆。毗迦蘭帝。阿彌唎哆。毗迦蘭多。伽彌膩◉。伽伽那。枳多迦利娑。婆。訶。

五、唱彌陀大讚

（齋主出位拈香行十方禮）

彌陀佛　大願王　慈悲　喜捨

難量　眉間常放白毫光　度衆生

極樂邦　八德池中蓮九品

七寶妙樹成行　如來聖

號若宣揚　接引往西方　彌

陀聖號若稱揚　同願往西方

六、休息

(一) 諸師可下位休息五分鐘或十分鐘

(二) 聞鼓三聲齊入位.

七、止靜 (止靜五分鐘. 引磬一聲開靜)

八、宣佛號

南無本師釋迦牟尼佛 三稱

九、偈示唯心 (唸七遍或廿一遍)

若人欲了知　三世一切佛．
應觀法界性　一切唯心造．

十　脫苦來會

(一) 破地獄真言　（唸四九遍）

唵。伽囉帝耶娑婆訶．

(二) 普召請真言　（唸廿一遍）

南無部部帝唎。伽哩哆哩。怛哆誐哆耶。

(三)解冤結真言　(唸廿一遍)

唵。三陀囉。伽陀娑婆訶。

(四)法師第一番開示

十方法界。六道羣靈諦聽。夫真空湛寂。原無世界衆生。自性天然。奚有果報諸法。只因纔迷一念。則十界條分。長驅六塵。則萬境紛擾。變妙有而為幻有。九道之無明。當情迷真空而著頑空。四生之垢纏紛起。由是升沉不已。生死無窮。人天雖樂無央。福盡還墮三途。劇苦交煎。救拔匪易。言其衆苦。實可悲傷。今仗施食之勝緣。普濟塵勞之罪輩。於茲憑衆誦偈。直示唯心法門。令悟自心。所具所造。譬如明鏡。能含能照。善惡報應。當自受之。因果循環。毫釐無爽。然後誦咒。密覆所有地獄遍消。八難三塗。四生九有。一切拘禁。悉共解除。次誦普召請真言。

普召十方。六道羣靈。以及古今橫厄。諸災邇遥。被難等輩。承斯咒力。同來道場。既來道場。已得解脱。奈有無始。寃結牽纏。今若共處共筵。恐致互見互恨。次誦解寃結神咒。咒力難思。應時冰釋。即此所安所遇。必能同見同歡。由此同歸三寶。同聞法音。同受法食。同得解脫。汝等一切羣靈。各發至誠。長跪合掌。隨衆同誦。迎請三寶。

十一　迎請三寶

(一)　宣請法寶（同唱七遍或十四遍）

南無大方廣佛華嚴經

(二) 宣稱三寶 (唸七遍)

南無常住十方佛。

南無常住十方法。

南無常住十方僧。

南無本師釋迦牟尼佛。

南無大悲觀世音菩薩。

南無冥陽救苦地藏王菩薩。

南無啟教阿難陀尊者。

（三）法師第二番開示

上來迎請三寶。宏慈必定光臨。惟汝等各具至心。投誠皈依。夫三寶者。千生罕遇。萬劫難逢。皈依者。福增無量。禮念者。

罪滅河沙。譬如靈丹妙藥。百病蠲除。是
故三寶無上。功德廣大。不可思議。衆生
投誠。佛種菩提。由是生焉。我今為汝。稱
唱三寶宏名。汝等隨我音聲。皈依三寶。

十六、秉宣三寶

(一)擊引磬上下和唱各三遍

皈依佛
皈依法
皈依僧

皈依佛兩足尊
皈依法離欲尊
皈依僧衆中尊

皈依佛不墮地獄
皈依法不墮餓鬼
皈依僧不墮傍生

皈依佛竟
皈依法竟
皈依僧竟

(二) 法師第三番開示

汝等六道羣靈。既已皈依三寶。成佛種子。堪進菩提。汝等當復思惟。自從無始。身口意三業不淨。貪瞋癡三毒熾然。念念之間。造諸惡業。無邊無際。若不勤求懺悔。豈有消亡。故令依普賢菩薩懺悔偈示之。汝等恭對三寶。隨音發露。懇切至誠。求哀懺悔。

十三 懺悔三業

(一) 唱普賢懺悔偈

1、一字一引磬上下和唱各三遍

2、功德主代表禮拜和完一句即拜下 法師唱至第四字時起立

往昔所造諸惡業 皆由無始貪瞋癡

從身語意之所生 一切業障皆懺悔

汝等六道羣靈。既能懺悔。罪必清淨。但汝等從無始來。所造業種無量。若能久勤懺悔。方始漸次盡除。又復當知罪從心起。懺罪從心。心若滅時。何罪之有。必須隨時隨境。分別不生。罪根即滅。是名真懺悔也。既勤懺悔。當發四弘誓願以為基。磊疊行山。應修六度。功勛而成滿。我今為汝。申說四弘誓願之偈。汝等長跪虔對三尊。隨我音聲。志心發願。

十四、發四弘誓願

1、一字一引磬上下和唱各三遍
2、功德主代表禮拜與前同

(一)事願

衆生無邊誓願度

煩惱無盡誓願斷

法門無量誓願學

佛道無上誓願成

(二)理願

自性衆生誓願度

自性煩惱誓願斷

自性法門誓願學

自性佛道誓願成

汝等六道羣靈。既發願已。當知願如大海。深不可窮。行若高山。填方成滿。須修六度之大行。方填四弘之誓海。欲填誓海。急當自利利他。自利則必使三業清淨。難行能行。難忍能忍。歷劫勤苦。永無退志。利他則六度勤修。萬行無虧。廣度衆生。辛勞無厭。自利既精。利他則廣。六度萬行。普化圓融。譬如救濟衆難。先須自力充盈。救人既多。行且益易。今則復念。汝等歷劫以來。所造定業。猶未盡消。故今更誦地藏菩薩滅定業真言。即令滅盡。次誦觀音菩薩滅業障神咒。速使冰消。復由夙造慳貪。致令咽喉常鎖。故誦開咽喉真言。使令開豁融通。堪享清淨法味。上仗顯密之靈詮。盡解內外之諸障。然後進求三昧耶戒。使戒根以全淨。若明珠之朗潤。所修功德。悉獲圓成。

次誦變食之密言。每粒變七。七復成七。七七無盡。所謂即此一食。出無量食。而無量食。咸趣一食。一為無量。無量為一。一一出生。重重無盡。充塞虛空。周徧法界。普濟飢虛。離苦得樂。次誦變水之密咒。變凡水而成甘露。為性海以周法界。

一切羣靈。普得清涼。此食此水。互徧互融。嚐之沾之。六根清淨。見者聞者。衆苦解脫。一字水輪咒。此食此水。淨極妙融。乳海真言。此食此水。體新潔白。更持七如來之洪名。即聞即脫。遂升蓮華台之妙體。且樂且榮。汝等羣靈。志心諦聽。

十五、持咒滅罪 (鳴魚直念)

(一) 地藏菩薩滅定業真言

1. 唸廿一遍
2. 誦此咒時觀想六道羣靈無始定業悉皆破除

唵、鉢囉末隣陀寧娑婆訶。

(二) 觀音菩薩滅業障真言

1. 唸廿一遍
2. 誦此咒時觀想六道羣靈一切業障悉皆消滅

唵。阿嚕勒繼娑婆訶。

(三) 開咽喉真言

1. 唸廿一遍
2. 誦此咒時觀想一切餓鬼針咽大開業火停燒清涼快樂

唵。步步底哩伽哆哩。怛哆誐哆耶。

十六　授三昧耶戒

1. 擊引磬唱廿一遍
2. 誦此咒時觀想六道羣靈同受金剛光明三昧寶戒心得清涼身如菩薩

唵・三昧耶・薩埵・鑁・

十七　法味變食（鳴魚直唸）

(一)　變食真言

1. 唸四九遍或一〇八遍
2. 誦此咒時觀想諸食變一為七七復化七乃至無量充塞虛空與物無礙受此法食身相圓滿

南無薩嚩怛他誐哆。嚩嚕枳帝。唵。三跋囉。三跋囉吽。

(二) 清涼偈 (此偈不唱但念亦可)

一、滴清涼水　能除饑與渴
彌灑灌頂門　悉令獲安樂

(三) 甘露水真言

1、唸四九遍或一〇八遍
2、誦此咒時觀想壞水變成甘露法水廣大如海與物無礙沾此法水永得清淨妙樂南無蘇嚕婆耶●怛他誐哆耶。怛姪他。唵。
蘇嚕蘇嚕。鉢囉蘇嚕。鉢囉蘇嚕婆婆訶。

(四) 一字水輪真言

1. 唸廿一遍
2. 誦此咒時觀想此水更得清淨妙味

唵。鍐。鍐。鍐鍐鍐。

(五) 乳海真言

1. 唸廿一遍
2. 誦此咒時觀想前猶如乳色微妙難思更得廣大融通

南無三滿哆。沒馱喃。唵。鍐。

十八　宣稱七如來聖號　（三遍）

（合掌）

南無多寶如來。

南無寶勝如來。

南無妙色身如來。

南無廣博身如來。

南無離怖畏如來。

南無甘露王如來。

南無阿彌陀如來。

（放掌）

十九　結願正施

(一) 咒力加持

(戒指瀉水中吽字)

神咒加持淨法食　法施食　甘露水。●(一彈水)

願皆飽滿捨慳貪。●

皈依三寶發菩提。●

功德無邊盡未來。

是時行者持淨食出置孤魂台上分為三份：

普施河沙衆佛子有情孤魂。(佛字再瀉吽字)

速脫幽冥生淨土。

究竟得成無上道。(中左右共三彈水)

一切佛子有情孤魂同法食。

1、施水族　令獲人空

2、施毛羣　令獲法空

3、施他方稟陶情悉令充足，獲無生忍

(二) 施供祝願

汝·等佛子有情孤魂·眾·我·今施·汝供·此·食徧·十方·

一·切佛子有情孤魂·共·願·以此·功德·普·及於·一切·

施·食與佛子有情孤魂·皆·共成·佛道·

(三) 施無遮食真言 (唸三遍)

唵·

穆·力陵·娑婆訶·

(四)普供養真言（唸三遍）

唵•誐•誐曩•三•婆•嚩•伐日•囉•斛•

(五)誦般若波羅密多心經一卷

(六)誦往生神咒七遍或廿一遍

二十 普結回向

(一)普回向真言 擊引磬同唱七遍或十四遍

唵 娑摩囉 娑摩囉 彌摩曩
薩哈囉 摩訶 咱哈囉吽

（二）吉祥偈

願晝吉祥 夜吉祥
晝夜六時 恆吉祥
一切時中 吉祥者

願諸
上師 哀攝受
三寶 哀攝受
護法 常擁護

上來宣揚施食法門。汝等佛子。得悟玄妙之心。同入清涼之地。偈示萬法唯心。咒破衆苦關鑰。皈依三寶。趣妙果。脱苦輪。導歸解脱之門。堅發四弘。求佛道。度衆生。勤向涅槃之果。先由懺悔之力。誓願轉深。更以滅定業之功。根源方淨。然後進求三昧耶戒。大乘無作戒體圓成。變諸食色香味。互徧互融。化此水為甘露。普降普潤。更聞七如來名。即脫六道界苦。如是平等法會。貴賤均沾。無遮道場。怨親無間。以上經咒功德。咸融般若心經之真空。顯密諸章。悉隨往生淨土之秘藏。普回向咒。法界衆生。盡成菩提。唱吉祥偈。大地有情。常得如意。令汝遇緣既勝。已聞出世法門。常當自覺自明。不得迷心迷境。一落冥界。萬刧難回。汝既領悟。早冀圓超。彼佛垂慈。即令解脫。

蓮花托體。光明滿身。常聞彌陀妙音。直悟無生法忍。汝等至心。隨衆和音。念佛回向。

宣疏

一、宣疏前唱：「南無大乘常住三寶」三稱

二、宣疏後唱：「南無莊嚴無上佛菩提」三稱

廿二　念佛回向

大衆起立和音同唱

四生登於寶地
河沙餓鬼證三賢
阿彌陀佛身金色
白毫宛轉五須彌
光中化佛無數億
四十八願度衆生

三有托化蓮池
萬類有情登十地
相好光明無等倫
紺目澄清四大海
化菩薩衆亦無邊
九品咸令登彼岸

南無西方極樂世界　大慈大悲

阿彌陀佛

南無阿彌陀佛

遶念數百千聲 至靈位前回向

丁　靈位前回向

一稱聖號 各三稱

南無觀世音菩薩

南無大勢至菩薩

南無清淨大海眾菩薩

二 宣佛號 三稱

南無西方接引阿彌陀佛

三 淨土文

一心皈命極樂世界。阿彌陀佛。願以淨光照我。慈誓攝我。我今正念。稱如來名。為菩提道。求生淨土。佛昔本誓。若有衆生。欲生我國。志心信樂。乃至十念。若不生者。不取正覺。以此念佛因緣。得入如來。大誓海中。承佛慈力。衆罪消滅。善根

增長。若臨命終。自知時至。身無病苦。心
不貪戀。意不顛倒。如入禪定。佛及聖眾。
手執金臺。來迎接我。於一念頃。生極樂
國。花開見佛。即聞佛乘。頓開佛慧。廣度
眾生。滿菩提願。十方三世一切佛。一切
菩薩摩訶薩。摩訶般若波羅密。

四 誦往生神咒三遍

五 舉讚

六道羣靈●脫生死鄉。少隨法水悟真常●

直下自承當。返照迴光。何地不樂邦●

南無●超樂土菩薩摩訶●薩● 三稱

六 往生偈

願生西方淨土中　九品蓮華為父母
華開見佛悟無生　不退菩薩為伴侶

戊　普回向偈（回至壇前唱）

施食功德殊勝行　無邊勝福皆回向
普願沉溺諸有情　速往無量光佛剎
十方三世一切佛　一切菩薩摩訶薩

摩訶般若波羅密

己 三皈依

自皈依佛，當願眾生，體解大道，發無上心。

自皈依法，當願眾生，深入經藏，智慧如海。

自皈依僧，當願眾生，統理大眾，一切無礙。

和南聖眾

三拜禮畢

國家圖書館出版品預行編目資料
大蒙山施食儀規／（宋）不動上師輯著. -- 初版. --
新北市：華夏出版有限公司, 2022.06
面； 公分. -- (Sunny 文庫；212)
ISBN 978-986-0799-79-8(平裝)
1.佛教諷誦 2.佛教儀注

224.3 110020233

Sunny 文庫 212
大蒙山施食儀規

輯 著 （宋）不動上師
印 刷 百通科技股份有限公司
電話：02-86926066 傳真：02-86926016
出 版 華夏出版有限公司
220 新北市板橋區縣民大道 3 段 93 巷 30 弄 25 號 1 樓
電話：02-32343788 傳真：02-22234544
E-mail： pftwsdom@ms7.hinet.net
總 經 銷 貿騰發賣股份有限公司
新北市 235 中和區立德街 136 號 6 樓
電話：02-82275988 傳真：02-82275989
網址：www.namode.com
版 次 2022 年 6 月初版一刷
特 價 新台幣 200 元 (缺頁或破損的書，請寄回更換)

ISBN-13：978-986-0799-79-8
《大蒙山施食儀規》由佛教出版社同意華夏出版有限公司
出版繁體字版